Crear un ecosistema oceánico

Lisa Holewa

T0027239

✹ Smithsonian

© 2022 Smithsonian Institution. El nombre "Smithsonian" y el logo del Smithsonian son marcas registradas de Smithsonian Institution.

Autora contribuyente

Allison Duarte

Asesoras

Jessica Lunt, Ph.D.
Bióloga marina
Smithsonian Marine Station

Stephanie Anastasopoulos, M.Ed.
TOSA, Integración de CTRIAM
Distrito Escolar de Solana Beach

Créditos de publicación

Rachelle Cracchiolo, *M.S.Ed., Editora*
Diana Kenney, *M.A.Ed., NBCT, Realizadora de la serie*
Véronique Bos, *Directora creativa*
Caroline Gasca, *M.S.Ed., Gerenta general de contenido*
Smithsonian Science Education Center

Créditos de imágenes: portada, pág.1 David Clode/Unsplash; pág.7 (superior) imagesandstories/picture alliance/blickwinkel/Newscom; pág.9 (superior) David Doubilet/National Geographic/Getty Images; pág.10 Dennis Kunkel Microscopy/Science Source; pág.11 (superior izquierda e inferior izquierda), 19 (inferior izquierda) Dennis Kunkel Microscopy/Science Source; pág.13 (inferior) Ann Ronan Picture Library Heritage Images/Newscom; págs.16–17 Glenn Beanlan/Getty Images; pág.18 LeonP/Shutterstock; pág.20 Reinhard Dirscherl/Science Source; pág.22 (superior) Paulo Oliveira/Alamy; pág.23 (mapa) Carol y Mike Werner/Science Source; pág.24 (inferior izquierda) John De Mello/Alamy; pág.25 (izquierda) Citizen of the Planet/Alamy; pág.27 (superior) Peter Bennett/Science Source; contraportada (superior izquierda) Gerd Guenther/Science Source; contraportada (derecha) © Smithsonian; todas las demás imágenes cortesía de iStock y/o Shutterstock.

Library of Congress Cataloging-in-Publication Data

Names: Holewa, Lisa, author.
Title: Crear un ecosistema oceánico / Lisa Holewa.
Other titles: Making an ocean ecosystem. Spanish
Description: Huntington Beach, CA : Teacher Created Materials, Inc., [2022] | Series: El mundo natural | Includes index. | Audience: Grades 4-6 | Summary: "There are worlds to explore under water. Entire ecosystems exist within oceans, lakes, and rivers. These worlds can also be re-created on land. Aquariums allow people to explore underwater environments with their feet on dry land. Learn about how they are created and how their tiniest and mightiest members play an important role!"-- Provided by publisher.
Identifiers: LCCN 2021049674 (print) | LCCN 2021049675 (ebook) | ISBN 9781087644578 (Paperback) | ISBN 9781087645049 (ePub)
Subjects: LCSH: Marine microbial ecology--Juvenile literature.
Classification: LCC QR106 .H6518 2022 (print) | LCC QR106 (ebook) | DDC 579/.17--dc23/eng/20211209

✳ Smithsonian

© 2022 Smithsonian Institution. El nombre "Smithsonian" y el logo del Smithsonian son marcas registradas de Smithsonian Institution.

Teacher Created Materials

5301 Oceanus Drive
Huntington Beach, CA 92649-1030
www.tcmpub.com

ISBN 978-1-0876-4457-8
© 2022 Teacher Created Materials, Inc.

Contenido

Mundos subacuáticos

Hay muchos mundos para explorar bajo el agua. Pueden estar en lagos arenosos y poco profundos. O pueden estar en las profundidades del océano. Quienes se aventuran lejos de la orilla descubren ecosistemas enteros.

Hay ecosistemas marinos junto a los arrecifes de coral. También existen dentro de los manglares. Están en las crestas de caliza. Están entre las algas cercanas a la costa.

Los buzos exploran esos mundos. A veces, esos mundos están cerca de la superficie y se pueden explorar con esnórquel. Otras veces, los científicos pueden llegar a ellos solo en submarino. Los mundos subacuáticos también pueden exhibirse en museos o en zoológicos, donde todos pueden verlos.

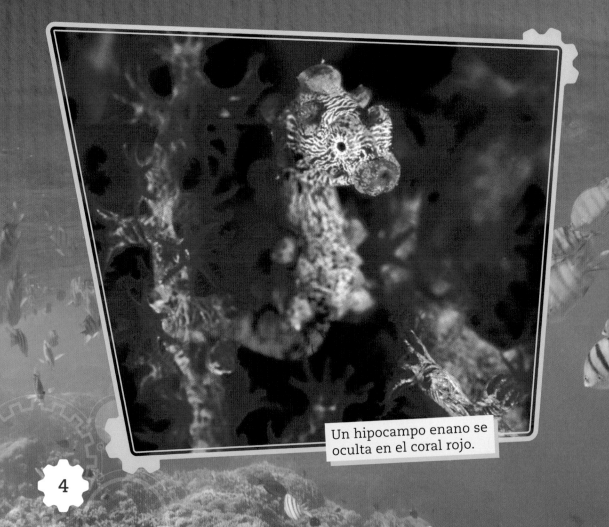

Un hipocampo enano se oculta en el coral rojo.

Los acuarios tienen tanques que recrean los ecosistemas marinos. Recrean los mundos subacuáticos. A las personas les gusta mirar a las criaturas más enormes en esos tanques. Las más singulares o coloridas son el centro de atención. Es divertido observar las medusas y las estrellas marinas. Es difícil no hacerse preguntas sobre los hipocampos y los erizos de mar. Los cangrejos azules y las langostas espinosas también son llamativos.

Pero ¿qué pasa con los seres que son muy pequeños y no se ven? ¿Existen bacterias en el mar? ¿Los microbios afectan la vida en el océano? ¿Las criaturas más pequeñas de los mundos subacuáticos pueden ser también las más poderosas?

langosta espinosa

Las bacterias pueden tener muchas formas, como esferas, bastones y espirales.

Estudiar el medioambiente marino

Los tanques de los acuarios nos permiten ver más de cerca los medioambientes marinos. Nos ayudan a entender más sobre los mundos subacuáticos. Idealmente, también nos inspiran a cuidar los océanos y los lagos, y las criaturas que viven en ellos.

Los tanques también ayudan a los científicos. A veces, ellos estudian modelos de ecosistemas para aprender más sobre cómo ciertos cambios afectan la vida marina. Muchos acuarios grandes contratan investigadores. Su trabajo es aprender más sobre la vida subacuática. Los investigadores trabajan con los acuaristas. Ellos son quienes cuidan a los seres vivos de los acuarios.

Unos leones marinos nadan en un acuario lleno de algas gigantes.

ARTE

Una exhibición para todos

Los acuaristas quieren que los peces actúen en los tanques como lo harían en la naturaleza. Tener las plantas y las formaciones rocosas correctas ayuda a que los animales se sientan como en casa. Pero es necesario equilibrar eso con la necesidad de ver fácilmente a los animales. Si hay muchos lugares para que se escondan los peces, los visitantes no los verán y no querrán regresar.

Desentrañar la red alimenticia

Los investigadores de los acuarios estudian las redes alimenticias marinas. Una red alimenticia se parece un poco a una cadena alimenticia. Pero muestra muchas maneras diferentes en que las plantas y los animales marinos están conectados.

Por ejemplo, antes se pensaba que las medusas eran principalmente depredadoras. Comen los huevos de muchos animales marinos. No parecían ser un buen alimento para otros peces porque están compuestas principalmente por agua. Ahora sabemos que hay muchas criaturas marinas que comen medusas. ¡Los pingüinos y las tortugas marinas las consideran un buen bocadillo!

Los investigadores saben que algunos calamares son caníbales. Las investigaciones muestran que los peces espada, las ballenas y las focas también comen calamares. Ese es solo otro ejemplo de lo complejas que son las redes alimenticias marinas.

Una tortuga marina come una medusa.

Cambios en el agua

Los investigadores de los acuarios también estudian cómo las criaturas marinas encuentran alimento en el agua. La contaminación puede causar cambios allí. Eso hace que a los animales les resulte difícil alimentarse y estar sanos. Se están descubriendo otras amenazas.

Los científicos saben que los niveles de dióxido de carbono (CO_2) han producido cambios en la **atmósfera**. Pero ¿están cambiando también los mundos subacuáticos? Para averiguarlo, los investigadores miden los niveles de CO_2 en muestras de agua. Los niveles están aumentando. Eso podría ser una mala noticia para algunos corales. El coral necesita ciertas condiciones para crecer. Y el CO_2 hace que el agua de mar sea más **ácida**. Eso afecta las condiciones que permiten que el coral crezca.

Algunos investigadores quieren aprender más sobre cómo el CO_2 afecta el agua dulce de los lagos. ¿La hace más peligrosa para las criaturas que viven allí? ¿Les dificulta encontrar alimento? Hay mucho que aprender.

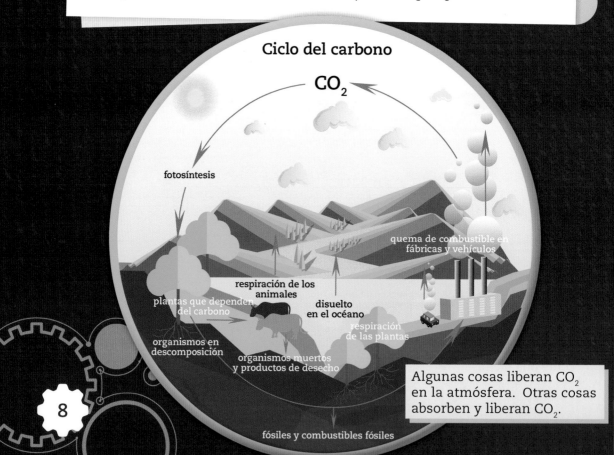

Ciclo del carbono

CO_2

fotosíntesis

quema de combustible en fábricas y vehículos

respiración de los animales

plantas que dependen del carbono

disuelto en el océano

respiración de las plantas

organismos en descomposición

organismos muertos y productos de desecho

fósiles y combustibles fósiles

Algunas cosas liberan CO_2 en la atmósfera. Otras cosas absorben y liberan CO_2.

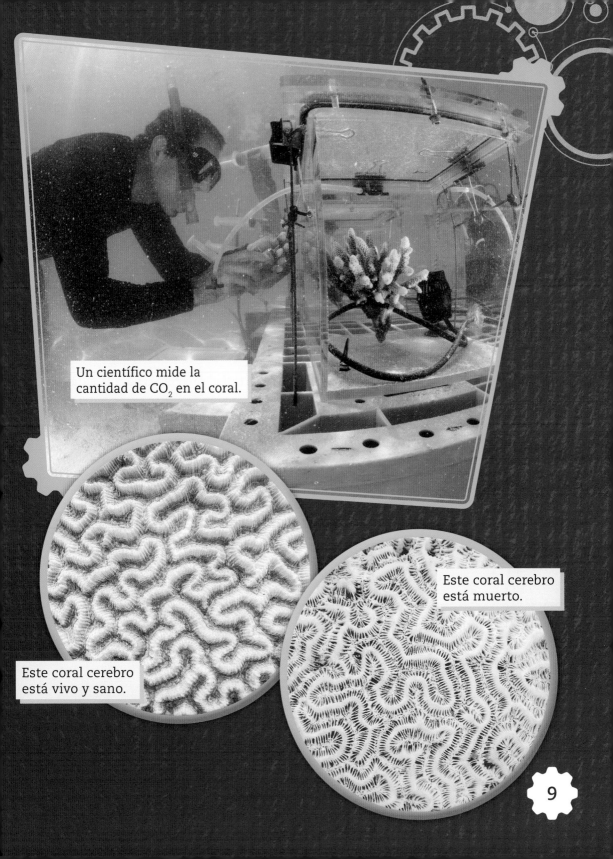

Un científico mide la cantidad de CO_2 en el coral.

Este coral cerebro está vivo y sano.

Este coral cerebro está muerto.

Microbios marinos

Crear un ecosistema marino en la tierra no es fácil. Hay que comprender muy bien los mundos subacuáticos. Un cambio pequeño tiene grandes efectos.

Bacterias por todas partes

Los microbios son seres tan pequeños que no se pueden ver sin un microscopio. Pero están por todas partes. De hecho, los microbios componen el 98 por ciento de la **biomasa** de los océanos del planeta.

Muchos de esos microbios son bacterias. Los científicos ya saben que las bacterias afectan la vida en la tierra. Ahora están tratando de comprender qué función cumplen en los lagos y océanos. Las nuevas tecnologías permiten crear herramientas para estudiar los efectos de las bacterias. Este campo de la ciencia está creciendo. Se llama ecología microbiana marina.

Algo que saben los científicos es que las bacterias son claves para la vida en el océano. Son necesarias en el ciclo del nitrógeno. Esto es así en la tierra y en el agua. El nitrógeno compone la mayor parte del aire que respiramos. Pero la mayoría de los organismos no pueden usar ese tipo de nitrógeno. En el océano, las bacterias marinas ayudan a convertirlo en un tipo de nitrógeno que las criaturas marinas pueden usar.

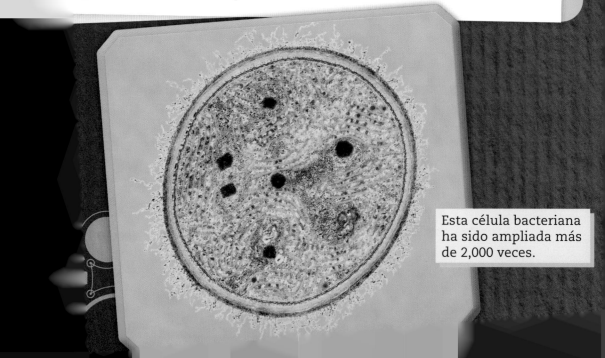

Esta célula bacteriana ha sido ampliada más de 2,000 veces.

Parte del ciclo del nitrógeno en la tierra

animales

bacterias

plantas

Parte del ciclo del nitrógeno en el mar

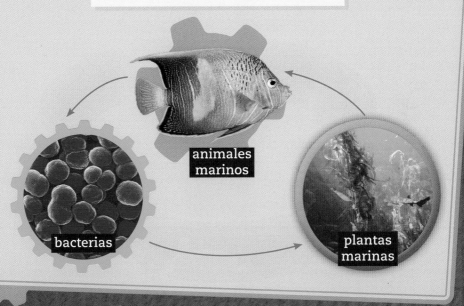

animales marinos

bacterias

plantas marinas

En un mililitro (0.2 cucharaditas) de agua marina puede haber hasta un millón de microbios.
Hay más bacterias en ocho litros (2 galones) de agua marina que personas sobre la Tierra.

La descomposición es otra parte importante del ciclo del nitrógeno. Las bacterias marinas descomponen los organismos muertos. Esos organismos pueden ser grandes, como las ballenas. También pueden ser pequeños, como los diminutos microbios. De cualquier manera, las bacterias ayudan a descomponer las moléculas del ser vivo. En ese proceso se liberan nutrientes para otros organismos.

En los océanos viven muchos tipos de microbios. Todos cumplen funciones importantes y diferentes en el ciclo del nitrógeno. También son vitales para el ciclo marino del CO_2 y son útiles en otros sentidos. Algunos elementos, como el hierro, no se encuentran fácilmente en el océano. Los microbios pueden atrapar el hierro que liberan los organismos muertos y ponerlo a disposición de otros seres vivos.

Los microbios mismos pueden servir de alimento a criaturas más grandes. Es complicado mantener la función de los microbios en un acuario. El agua puede tener demasiados microbios. Cuando eso ocurre, puede parecer una maraña de algas verdes. Otras veces, el agua tiene muy pocos microbios. Eso es malo para los seres vivos que dependen de los microbios. Es difícil lograr el equilibrio justo.

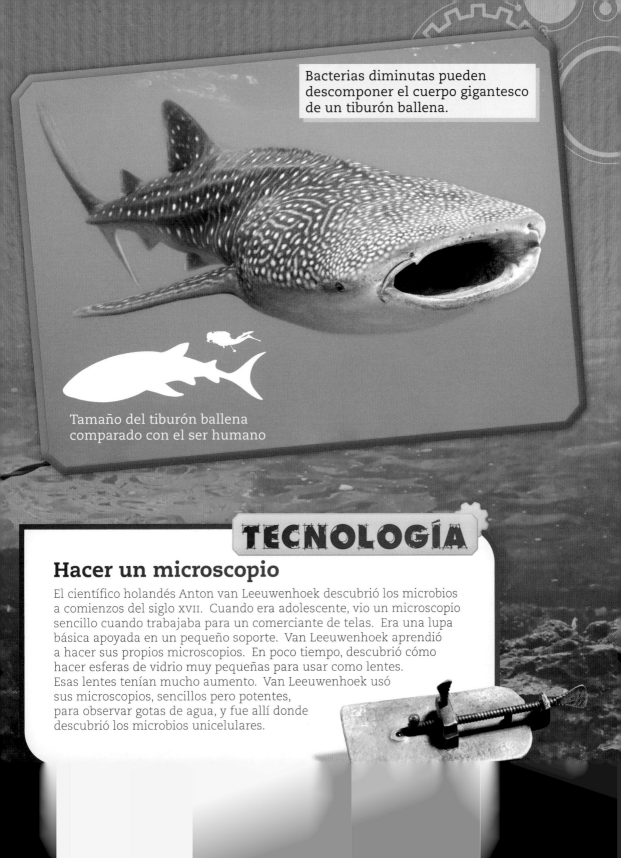

Bacterias diminutas pueden descomponer el cuerpo gigantesco de un tiburón ballena.

Tamaño del tiburón ballena comparado con el ser humano

Hacer un microscopio

El científico holandés Anton van Leeuwenhoek descubrió los microbios a comienzos del siglo XVII. Cuando era adolescente, vio un microscopio sencillo cuando trabajaba para un comerciante de telas. Era una lupa básica apoyada en un pequeño soporte. Van Leeuwenhoek aprendió a hacer sus propios microscopios. En poco tiempo, descubrió cómo hacer esferas de vidrio muy pequeñas para usar como lentes. Esas lentes tenían mucho aumento. Van Leeuwenhoek usó sus microscopios, sencillos pero potentes, para observar gotas de agua, y fue allí donde descubrió los microbios unicelulares.

Combinar los elementos

Hay que tener en cuenta muchas cosas a la hora de preparar un acuario. Entre ellas, están la iluminación, el alimento, los filtros, la temperatura y el movimiento del agua.

Sin luz no hay acción

El sol da luz y calor a la Tierra. Las plantas usan la energía del sol para producir su propio alimento. Eso se llama fotosíntesis. Algunos organismos acuáticos, como las algas, también realizan fotosíntesis. Necesitan vivir en partes del océano donde llega la luz del sol. En aguas más profundas, la luz es más tenue. Y en las grandes profundidades no hay nada de luz. Hay seres vivos allí abajo, pero no tantos.

En los tanques, es necesario crear la luz solar artificialmente. Es una tarea complicada. Hay diferentes tipos de luz solar que los organismos necesitan para obtener energía.

Distancia en metros (m)
recorrida por la luz solar en aguas oceánicas

nivel del mar

zona de luz
llega luz solar;
es posible la fotosíntesis

200 m (~650 ft)

zona de penumbra
llega algo de luz solar;
es imposible la fotosíntesis

1,000 m (~3,280 ft)

zona de medianoche
no llega luz solar;
zona completamente oscura

10,000+ m (~32,800 ft)

medusa en un acuario

Esos tipos de luz provienen del espectro visible, que es parte del espectro electromagnético. Diferentes organismos necesitan diferentes partes del espectro para realizar la fotosíntesis. Las algas verdes necesitan mayormente luz roja. Pero las algas rojas usan luz azul. Por lo tanto, la luz de los tanques debe cubrir la mayor parte del espectro visible. Los acuaristas deben verificar los niveles de luz con frecuencia para que los microbios estén sanos y felices.

Todos los colores del espectro

Cada color del espectro visible tiene una **longitud de onda** diferente. El rojo tiene la mayor longitud de onda. El violeta tiene la longitud menor. El agua absorbe fácilmente la luz roja, por lo que esta no llega muy profundo. Pero la luz azul llega a más profundidad en el océano. Por eso, lo que ve un buzo con esnórquel debajo del agua es bastante parecido a lo que se ve desde la superficie. Pero quienes bucean a más profundidad ven un mundo lleno de azules y negros.

Las luces de los acuarios también deben ser fuertes. La luz eléctrica es mucho más débil que la luz del sol. Por eso, debe usarse con mayor intensidad. En algunos acuarios, las luces están encendidas hasta 15 horas al día. Los acuarios que recrean ecosistemas de arrecifes de coral necesitan las luces más brillantes de todas. Los que muestran ecosistemas de aguas profundas necesitan mucha menos luz.

Hora de comer

Muchos seres vivos se van a otro lugar cuando no consiguen suficiente comida donde viven. Pero los seres vivos de los acuarios no tienen esa opción. Tampoco los corales, que no pueden moverse en absoluto. Por eso, a veces puede ser difícil alimentar a los seres vivos de los tanques.

Idealmente, una exhibición de un ecosistema marino muestra el mundo subacuático tal como es en realidad. Pero la mayoría de los visitantes quieren ver muchos animales grandes y coloridos. Por eso, en los tanques viven más criaturas de las que podría sustentar un hábitat natural. Hay más peces, y los peces son más grandes. También hay muchos corales. Muchas especies deben competir por el alimento. Para evitar que falte comida, los acuaristas agregan alimento a los tanques con frecuencia. De ese modo, los animales no se comen unos a otros, y los visitantes pueden ver muchas criaturas marinas.

Un acuarista alimenta a unos peces en el Acuario de Bueng Chawak, en Tailandia.

Unos acuaristas alimentan a los animales en el Acuario de Melbourne.

Muchos arrecifes de coral de los acuarios imitan a la Gran Barrera de Coral, el arrecife de coral más grande del mundo. Mide más de 2,000 kilómetros (1,250 millas) de largo.

La acción de agregar comida extra a los tanques se llama alimentación suplementaria. El alimento puede estar congelado, seco por congelación o vivo. Los peces suelen ser los que más alimento necesitan. Normalmente, los alimentan dos veces al día. Muchos tipos de corales se alimentan de plancton. El plancton está formado por organismos de cualquier tamaño que flotan a la deriva en una masa de agua y no pueden nadar contra la marea. Pero los tanques de los acuarios son pequeños y están llenos de animales que comen plancton. Entonces, puede ser difícil mantener la cantidad suficiente de plancton para que coman todos los animales.

El alimento adicional depende del hábitat. Una exhibición de arrecifes de coral tal vez reciba a diario muchos camarones. Un ecosistema de algas marinas podría necesitar camarones fantasmas para que los animales más lentos, como los hipocampos, no se queden sin alimento.

Programar las comidas es importante para llevar un registro del tipo y la cantidad de alimento que se agrega y con qué frecuencia.

Un acuarista alimenta a unos peces en el acuario Coral World, en Israel.

La importancia del filtro

En el espacio cerrado de los acuarios hay otro obstáculo que superar: los abundantes desechos. Por eso se debe filtrar el agua de los tanques. El ciclo del nitrógeno ayuda a eliminar los desechos del agua. Los microbios marinos, como las bacterias, convierten el nitrógeno en una forma del gas que es apta para el fitoplancton. Luego, criaturas más grandes comen el fitoplancton, y el nitrógeno pasa por su cuerpo. Pero el ciclo del nitrógeno no puede eliminar todos los desechos, y los filtros entran en acción.

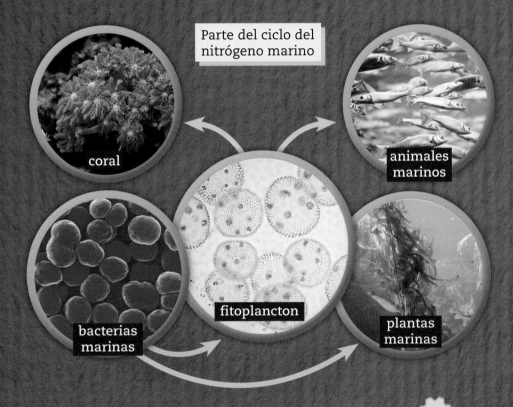

Parte del ciclo del nitrógeno marino

coral

animales marinos

bacterias marinas

fitoplancton

plantas marinas

MATEMÁTICAS

¿Cuántos peces caben?

La regla general para los acuarios domésticos es que no debe haber más de 5 cm de peces por cada 7.4 litros de agua, o 1 pulgada por galón. Pero el volumen no es lo único que hay que tener en cuenta. También es importante el área total del tanque. Un tanque alto y estrecho tiene un área menor, y entonces los desechos contaminan el agua más rápido. Un tanque más largo tiene un área total mayor.

Los filtros de los tanques ayudan a eliminar los desechos de los animales. Sin filtros, las sustancias químicas de los desechos animales rápidamente pueden alcanzar niveles **tóxicos**. Los niveles altos pueden causar la proliferación de algas. Las proliferaciones de algas ocurren cuando muchas algas crecen muy rápido. Pueden alterar ecosistemas enteros.

Para evitar que haya problemas con los desechos, es necesario filtrar el agua. En muchos acuarios, se usa césped de algas, un tipo de microbio que actúa como un filtro biológico. Primero, se saca agua del tanque y se hace pasar por unas bandejas con césped de algas. Se usan luces brillantes para que las algas crezcan rápidamente. Luego, las algas capturan los nutrientes adicionales, como el nitrógeno. Eso ayuda a limpiar el agua. A continuación, los acuaristas recogen las algas. Así, eliminan el nitrógeno sobrante. Por último, el agua ya limpia se devuelve al tanque.

Los filtros de algas también cumplen otra función importante. Producen oxígeno y eliminan el CO_2. Eso es importante porque los peces necesitan oxígeno para respirar. Un exceso de CO_2 puede dañar la vida marina.

A veces, se usan filtros químicos en lugar de microbianos. Suelen contener carbón. El carbón captura los desechos y las toxinas de los microbios. Pero los filtros químicos también pueden eliminar nutrientes útiles.

Como el pez loro come corales, sus desechos son de arena.

Estas tuberías llevan agua a un filtro que está fuera del tanque.

Adaptar filtros de césped

Los filtros de césped fueron creados hace más de 20 años por un científico llamado Dr. Walter Adey y su equipo. Sin embargo, ocupan mucho espacio y pueden ser ruidosos. Algunas personas pensaban que no eran prácticos para las peceras de los hogares. Por eso, los ingenieros hicieron cambios en el diseño. Crearon una pantalla que cuelga verticalmente, con una bomba que funciona como una cascada. Hoy en día, esos filtros se fabrican para peceras domésticas y espacios pequeños.

Temperaturas y mareas

La temperatura del agua es otro aspecto importante del mantenimiento de un tanque. El agua del tanque debe tener la misma temperatura que el agua del hábitat natural de las criaturas que viven en él. Si el agua se calienta o se enfría demasiado, los animales mueren.

Algunos tanques tienen dispositivos especiales para calentar el agua. Otras veces, es necesario enfriar el agua para que no se caliente demasiado. Sin embargo, no siempre es tan sencillo. Por ejemplo, los arrecifes de coral necesitan aguas frescas y luz brillante para crecer. Se pueden instalar luces para que iluminen el coral desde arriba. Pero esas luces dan mucho calor. Entonces, hay que enfriar el agua para que no se caliente demasiado.

Un saltarín del fango nada en aguas tibias.

Una foca abraza a una beluga en aguas frías.

Otros hábitats requieren agua fría. Algunas cuencas de ríos y arroyos son muy frías, y hay que usar sistemas para recrear esas bajas temperaturas. Es difícil lograr el equilibrio.

Los acuaristas también tienen que tener en cuenta el movimiento del agua. En la naturaleza, las mareas, las **corrientes** y las olas mueven el agua constantemente. El movimiento trae nuevas reservas de alimento y oxígeno. Y se lleva la materia muerta y el exceso de nutrientes. En los acuarios, el agua se mantiene en movimiento gracias a bombas y filtros. También es posible **simular** olas y ciclos de mareas.

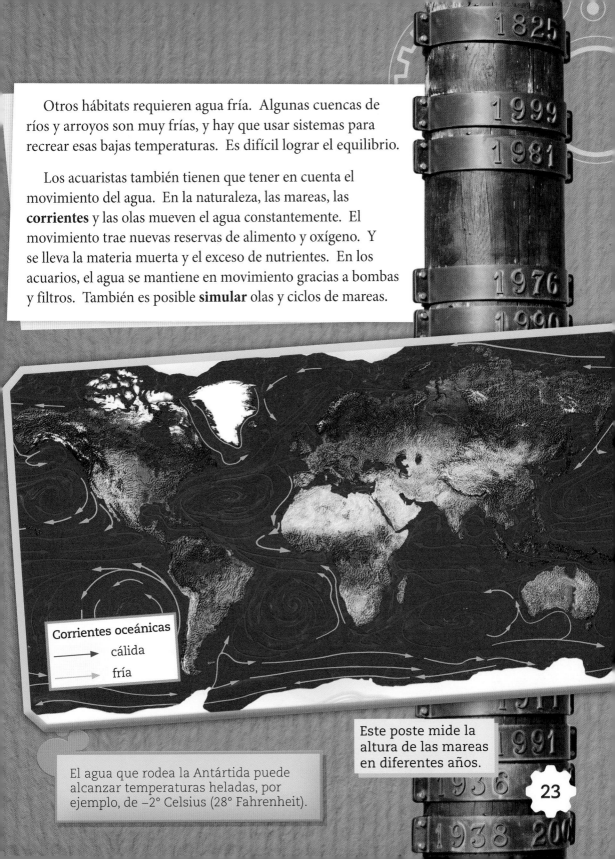

Corrientes oceánicas

→ cálida

→ fría

El agua que rodea la Antártida puede alcanzar temperaturas heladas, por ejemplo, de −2° Celsius (28° Fahrenheit).

Este poste mide la altura de las mareas en diferentes años.

23

El agua cambiante

El agua del océano contiene sal. La palabra que describe la cantidad de sal que hay en el agua es *salinidad*. La salinidad del agua oceánica se mantiene más o menos igual todo el tiempo. Pero la salinidad de lugares como los **estuarios** puede cambiar. Depende de las mareas y otros factores. Los tanques deben tener la salinidad correcta. Muchos factores pueden alterar la salinidad del agua. Para compensar eso, los acuaristas casi siempre tienen que agregar agua y verificar los niveles de sal con frecuencia.

Una vez que la salinidad está bajo control, los acuaristas deben asegurarse de que el agua de los tanques esté siempre limpia. Los filtros y los microbios ayudan a mantener el agua limpia, pero así y todo es necesario reemplazarla. En algunos acuarios, se reemplaza aproximadamente la quinta parte del tanque una vez al año. Para eso, hay que sacar parte del agua con una bomba. Luego, se filtra el agua nueva antes de volver a ponerla en el tanque. Así, también se agregan más nutrientes. Eso repone los nutrientes que han consumido las criaturas marinas. Y ayuda a eliminar las algas sueltas.

Después de verificar la salinidad y la limpieza del agua del tanque, los acuaristas deben seguir observando todo. Verifican esas y otras propiedades del agua. Las criaturas acuáticas dependen de que funcionen los equipos. Los acuaristas se aseguran de que así sea.

Un acuarista verifica el agua en el Acuario de Waikiki, en Hawái.

Este análisis muestra el nivel de acidez del agua.

Los empleados del Acuario del Pacífico, en California, pueden analizar el agua de esta área privada

Un acuarista mide el crecimiento de un coral.

La mayor parte de la sal del agua oceánica proviene de la tierra. El agua de lluvia lleva partículas de sal de las rocas a los ríos, que desembocan en el mar.

Criaturas grandes y pequeñas

Los mundos subacuáticos son misteriosos y ocultos. Hay mucha vida en las profundidades oceánicas. Las criaturas más grandes del mundo viven en los océanos. La gigantesca ballena azul vive en esas aguas. También viven allí las criaturas más pequeñas. El mundo subacuático necesita a esos poderosos microbios marinos.

Los acuarios nos ayudan a comprender este mundo. Nos permiten ver de cerca los arrecifes de coral. Nos muestran las brillantes medusas. Nos ayudan a aprender sobre los ecosistemas marinos y cómo cambian. Nos muestran cómo afectamos la vida subacuática. Nos enseñan que lo que hacemos en la tierra tiene un impacto en los océanos.

En los acuarios, los peces coloridos atraen a las personas hacia ese mundo. Es interesante observar a las medusas y los hipocampos. Pero mira más de cerca. ¿Hay algas que filtran el agua? ¿Hay bombas que generen corrientes como las que hay en el océano? ¿Qué seres pequeños viven en ese mundo? Recuerda: por más atención que prestes, hay microbios diminutos que no puedes ver. Hay muchas otras cosas ocultas en el mundo subacuático. ¿Qué podemos hacer para que siempre esté sano?

Los visitantes de un acuario miran nadar a un pez luna.

Unos buzos exploran la vida oceánica cerca del Acuario de la Bahía de Monterey, en California.

microbios marinos bajo un microscopio

¡Los seres humanos han explorado solo la veinteava parte del bioma oceánico!

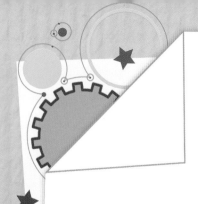

DESAFÍO DE CTIAM

Define el problema

Imagina que trabajas en el acuario de Georgia, el acuario más grande de Estados Unidos. Tu tarea es mantener la exhibición de arrecifes de coral. Los peces comen dos veces al día artemias salinas congeladas. Las artemias congeladas se almacenan lejos de la exhibición, y tú quieres hallar una manera eficaz de transportarlas.

Limitaciones: El interior de tu recipiente debe medir al menos 20 centímetros (8 pulgadas) de ancho para maximizar la cantidad de artemias salinas que puedes llevar en un solo viaje.

Criterios: Tu recipiente debe evitar que el hielo se derrita durante los primeros 15 minutos.

Investiga y piensa ideas

¿Qué hacen los acuaristas para asegurarse de que todos los organismos de una exhibición estén bien alimentados? ¿Es importante que el recipiente que contiene el alimento esté cerrado al transportarlo? ¿Cómo llevarás tu recipiente?

Diseña y construye

Bosqueja el diseño de tu recipiente. ¿Qué propósito cumplirá cada parte? ¿Cuáles son los materiales que mejor funcionarán? Construye el modelo.

Prueba y mejora

Pon un cubito de hielo en el recipiente y déjalo allí sin tocarlo durante 15 minutos. Luego, mide el agua que hay en el recipiente. ¿Funcionó tu recipiente? ¿Cómo puedes mejorarlo? Modifica tu diseño y vuelve a intentarlo.

Reflexiona y comparte

¿Qué partes de tu modelo funcionaron mejor para que el hielo se derritiera más lentamente? ¿Tu modelo podría usarse para mantener el hielo congelado por más tiempo? ¿Qué piensas que sucederá si agregas varios cubitos de hielo a tu modelo?

Glosario

ácida: se refiere al agua que contiene sustancias químicas potencialmente nocivas que pueden afectar la vida vegetal

atmósfera: la masa de aire que rodea a la Tierra

biomasa: la cantidad de materia viva que hay en un área determinada

caníbales: animales que se alimentan de otros de su misma especie

corrientes: movimientos continuos del agua en la misma dirección

descomposición: el proceso que hace que algo se destruya lentamente y se separe en partes más pequeñas

ecosistemas: todos los seres vivos y las cosas sin vida que hay en un medioambiente en particular

espectro electromagnético: una manera de agrupar todas las ondas de energía y de luz

estuarios: áreas donde los ríos se unen con el mar

longitud de onda: la distancia entre las ondas de energía o de luz

manglares: terrenos donde crecen mangles y otros árboles que viven en agua salada poco profunda

marea: el movimiento regular ascendente y descendente de las aguas del océano

moléculas: las cantidades más pequeñas posibles de una sustancia que conservan todas las características de esa sustancia

simular: imitar el aspecto, la textura o el comportamiento de otra cosa

subacuáticos: que están debajo del agua

suplementaria: que sirve para completar algo

tóxicos: venenosos

Índice

¿Quieres ayudar a los animales acuáticos?
Estos son algunos consejos para empezar.

"En la escuela, me encantaba aprender sobre los animales y cómo funcionan los ecosistemas saludables. Me gradué en biología marina, que es el estudio de los animales de los océanos y los estuarios. Para entender los ecosistemas, tienes que aprender biología, química, geología, botánica, comportamiento de los seres vivos y matemáticas". —*Jessica Lunt, bióloga marina*

"Trata de visitar museos, zoológicos y acuarios en todos los lugares adonde vayas. Esas experiencias podrían mostrarte que hay animales o lugares interesantes que no conocías. Los microbios pueden parecer pequeños y aburridos al principio, pero pueden ser muy bellos y son importantes indicadores de la salud de un ecosistema". —*Carol Baldwin, investigadora en zoología*